NOTICE SUR LES RELIQUES

DE

S. FRANÇOIS DE SALES

A LA VISITATION DE CAEN

Chaque année, au retour de la fête de l'aimable et saint Evêque de Genève, un grand nombre de fidèles viennent avec empressement se recommander à lui et vénérer ses précieuses Reliques.

Nous pensons fournir à leur piété et à leur confiance un nouvel aliment, en leur disant quelle est la nature et la parfaite authenticité de ces Reliques du saint Docteur offertes à leur vénération.

Le beau reliquaire qui les contient a été ouvert, ces jours derniers, pour être restauré. On y a trouvé inclus les procès-verbaux les plus circonstanciés sur la provenance de chaque portion des Reliques, sur la manière dont elles ont été successivement insérées dans la châsse, sur les diverses reconnaissances qui en ont été faites depuis deux siècles par l'autorité épiscopale... C'est surtout à ces documents officiels que nous empruntons les curieux détails de cette notice.

I

Il y a dans le grand Reliquaire en forme d'ostensoir six Reliques de saint François de Sales : de son corps, de son sang, de sa chair, et des morceaux de ses habits, de son suaire, de sa châsse.

« DE SON CORPS. » — On sait que le saint Fondateur mourut à Lyon le 28 décembre 1622, et que son corps, reporté à Annecy, fut déposé dans l'église de la Visitation le 24 janvier 1623.

Presque aussitôt Dieu manifesta la sainteté de son serviteur par d'éclatants prodiges. La résurrection de Françoise de la Pesse, au mois d'avril 1623 ; celle de Jérôme Genin, le 1ᵉʳ mai suivant, donnèrent un grand élan à la dévotion populaire. Le 10 juin, le corps du pieux Evêque fut placé dans une châsse de plomb, et celle-ci dans une autre de bois.

Les miracles se multiplièrent de plus en plus..... Une première ouverture du glorieux tombeau eut lieu le 4 août 1632. « Dès qu'on l'eut entr'ouvert, il n'y eut qu'un cri dans l'assemblée : Le voilà, le voilà, le bienheureux François de Sales ! » C'était bien lui en effet. Il reposait dans son cercueil comme dans un lit, les vêtements intacts, quoiqu'un peu jaunâtres, à cause de l'humidité du lieu ; le corps entier sans corruption et sans lésion ; le visage parfaitement conservé, si ce n'est que les yeux étaient un peu enfoncés sous les paupières ; la barbe et les cheveux tenant aussi fermes que ceux d'un homme vivant. On lui regarda les mains, il n'y manquait ni la peau, ni les ongles. La chair du bras était souple et maniable, en sorte qu'on pouvait le lui étendre. La figure surtout paraissait encore pleine de vie ; elle conservait une expression de paix et de sérénité pieuse qui donnait de la dévotion même aux cœurs les plus froids. Une odeur céleste s'échappait de ces Restes précieux et achevait d'élever tous les cœurs à Dieu. 1 »

Une seconde ouverture se fit le 10 mai 1653. « Le corps fut trouvé assez entier, les chairs paraissaient encore vermeilles et répandaient une merveilleuse odeur. Pour obéir aux décrets d'Urbain VIII, on le remit en terre tout comme un autre corps mort... » Le terrain était tout détrempé d'eau à cause du voisinage du canal et des crues du lac qui, depuis le mois de mars jusqu'au mois de juillet, sont toujours grandes à cause des neiges qui fondent dans les montagnes.

Le 9 septembre 1656, le tombeau fut ouvert pour la troisième fois. « On leva le saint corps de terre... Les odeurs s'en exhalèrent aussi suaves... Mais on vit avec douleur qu'il était tout défait, et ses os enveloppés dans la chair réduite en poudre... Dieu changea tout aussitôt cette peine en joie par la guérison d'un aveugle et d'un paralytique. »

1 *Hist. de Sᵗᵉ Chantal*, par Mgʳ Bougaud. II, p. 273.

Cinq ans plus tard, François de Sales était déclaré Bien
heureux par le pape Alexandre VII, et son corps sortait défi-
nitivement de sa tombe obscure, pour être exposé à la vénération publique sur l'autel de l'église du premier monastère
d'Annecy... [1] Il avait été mis dans une châsse d'argent, donnée
par Mᵐᵉ Christine de France, duchesse de Savoie.

Les miracles juridiquement constatés avant la Béatification
s'étaient trouvés si nombreux et si éclatants que les Cardinaux
s'écrièrent : « La moitié seulement aurait suffi pour élever
sur les autels une cinquantaine de Bienheureux. » Il ne s'agis-
sait en effet de rien moins que de « trente-sept morts ressus-
cités, — dix neuf sourds et muets ayant reçu l'usage de l'ouïe
et de la parole, — douze lépreux guéris, — vingt aveugles
illuminés, — cent deux paralytiques entièrement rétablis,
etc. »

C'est de ce corps sacré, par lequel Dieu avait voulu opérer
tant de prodiges, que fut extraite à la même époque la portion
considérable que possède le monastère de Caen. Elle est « de
la longueur d'un doigt environ, » et maintenant noircie par le
temps.

Aux fêtes de la Canonisation du saint Evêque, qui se
célébrèrent à Caen avec tant de magnificence en 1668, elle fut
exposée « dans un grand Cœur d'argent sur l'autel de la
chapelle dédiée audit saint [2]. »

« De son Sang. » — Cette relique a, comme celle du corps,
à peu près la longueur d'un doigt, mais elle est moins volumi-
neuse. Elle se compose de sang coagulé dont les parcelles ont
été réunies par de la gomme. Le temps l'a également noircie.
Elle provient, croyons-nous, de ce sang que les médecins
tirèrent en abondance au doux et patient Prélat dans sa
dernière maladie, quand ils jugèrent à propos de le saigner.

Il y eut aussi le sang que fit couler l'opération de l'em-

---

1 Voir *Notice sur cette église* qui fut le tombeau si glorieux de S. François de Sales et de Sᵗᵉ Chantal (Annecy, chez Niérat, 1888.) Vendue à la
Révolution, elle vient d'être rachetée par Mgʳ l'Evêque d'Annecy. Mais
elle a besoin, avant d'être rendue au culte, de réparations considérables,
pour lesquelles Sa Grandeur sollicite les offrandes de tous les amis des
deux Saints.

2 Chapelle du côté de l'Evangile dans l'église de l'ancienne Visitation,
occupée aujourd'hui par la Remonte.

baumement ; mais « il fut tout recueilli dans des linges et des mouchoirs par la piété des fidèles comme de précieuses reliques, qui opérèrent en effet dans la suite plusieurs guérisons merveilleuses. On alla même jusqu'à râcler la table et le plancher où en étaient tombées quelques gouttes [1]. »

« DE SA CHAIR. » — En 1738, Mgr Michel-Gabriel de Rossillon, Evêque et prince de Genève, envoyait à la supérieure de la Visitation de Caen « un morceau de la chair vénérable de saint François de Sales dans un petit reliquaire de filigrane, muni de son sceau. » La Mère Marie-Henriette de Harcourt exprima à Mgr l'Evêque de Bayeux « le désir que ladite relique, afin d'être conservée plus décemment, fût renfermée dans le grand reliquaire d'argent où étaient déjà d'autres reliques du même saint. » Le 21 novembre, Mgr Paul d'Albert de Luynes vint en personne au monastère, assisté de M. Clément-Joseph Hugon, son grand vicaire, et de M. Thomas Julienne, confesseur des Religieuses; il constata l'authenticité des anciennes Reliques du saint Fondateur, et y ajouta la nouvelle.

« DE SES HABITS, — DE SON SUAIRE, — DE SON TOMBEAU. » — La reconnaissance en fut faite en 1762, par M. Philippe Vicaire, « prêtre, docteur et doyen de la Faculté de théologie en l'Université de Caen, curé de Saint-Pierre de la même ville et doyen de la chrétienté, commissaire député par M. Dumont, vicaire général. » Il prit pour greffier M. Jacques Bridel, docteur en théologie, curé de Saint-Martin de Caen. A la grille du chœur, la supérieure lui présenta « une boîte de carton, couverte de papier marbré, carrée, entrelacée de ruban vert et scellée du sceau de l'Evêché de Genève, avec l'authentique en date du 11 novembre 1755 dont le cachet était semblable à celui de la boîte. » Le curé de Saint-Pierre, en ayant fait l'ouverture, y trouva plusieurs petits paquets de papier qui renfermaient : « le premier, une portion de l'habit de saint François de Sales ; le second, un morceau de son suaire ; le troisième, du bois de sa châsse. » Est-ce un fragment de ce cercueil de bois dans lequel reposa son corps virginal les quatre mois qui suivirent sa mort ? Le certificat ne précise pas. Et d'un autre côté, comme nous l'avons dit, à partir du 10 juin 1623 jusqu'à la béatification, le corps fut mis dans un cercueil de plomb, et celui-ci dans un autre de bois, que l'on

_____
1 *Vie de S. François de Sales*, par M. Hamon, II, p. 313.

changea à chaque visite des Reliques. Ces châsses étaient faites les unes de noyer, les autres de sapin. « Dieu y donne, écrivait la Mère Supérieure d'Annecy, une vertu miraculeuse pour le soulagement et guérison des malades, ce qui fait que l'on y a grand recours. Il se trouve même de bons villageois qui en viennent demander un brin pour de l'argent, croyant le devoir payer comme un remède souverain, tant ils ont de foy en l'intercession de notre grand Saint. »

Ces reliques bénies ont été vérifiées sous l'épiscopat de Mgr de Nesmond, en 1695 ; de Mgr de Luynes, en 1738 ; de Mgr de Rochechouart, en 1768 ; de Mgr Brault, en 1808 ; de Mgr Robin, en 1838. Désormais, elles vont être, pour quelque demi-siècle, scellées des armes de Mgr Hugonin, qui ne le cède à aucun de ses vénérés prédécesseurs en tendre dévotion pour saint François de Sales.

II

Le monastère possède d'autres Reliques du glorieux Fondateur, qui ne sont ni moins authentiques ni moins vénérables. Elles consistent en divers fragments de sa chair et de son fiel, des feuillets de ses écrits, des objets qui ont été à son usage pendant sa vie, ou qui ont été sanctifiés par le contact prolongé de son saint corps.

1. Quand la vénérée Mère de Chaugy, qui avait été pendant de longues années la secrétaire et la confidente de sainte Chantal, séjourna au monastère de Caen, à la fin de l'été 1668, elle se lia d'amitié avec Mme la Présidente de Nesmond, belle-sœur de l'Evêque de Bayeux. Devenue plus tard Supérieure de la Visitation de Turin, elle obtint pour son amie « une portion de la précieuse chair de notre grand saint. » La lettre d'envoi est du 25 novembre 1679. Cette Relique fut donnée aux Visitandines de Caen par Mgr de Nesmond, qui les chérissait en vrai père, et qui écrivit au dos du certificat d'authenticité délivré par l'évêque d'Annecy : « *Pour la Visitation de Caen, de la chair desséchée de S. François de Sales.* »

En 1694, la Mère Marie-Françoise de Harcourt était assez heureuse pour obtenir une autre parcelle considérable de la chair de son Bienheureux Père : « Je me fais un plaisir, lui écrivait d'Annecy la Mère de Lucinge, de nous en dépouiller en votre faveur, quoique ce soit le dernier fragment qui nous reste si gros et si solide... Il semble que notre bon Dieu s'applique à donner à notre Saint tous les jours de nouveaux dévots. On nous demande de tous les endroits et même des provinces étrangères, des Reliques de S. François de Sales, on dédie des chapelles en son honneur, et on a une confiance en luy qui est capable d'en donner à ceux qui n'en auraient jamais eu... »

Il y a aussi des parcelles de son sang, de son fiel... Lors de l'embaumement de son corps, « ce qu'il y eut de plus remarquable, c'est qu'on trouva son fiel durci, desséché et partagé en trois cents petites pierres attachées les unes aux autres en forme de chapelet, dorées ou émaillées de diverses couleurs, les unes rondes, les autres triangulaires, et d'autres à huit faces, phénomène singulier, que les médecins attribuèrent à la violence continuelle qu'il s'était faite pour surmonter la colère, à laquelle il était naturellement enclin [1] »

2. Ses lettres autographes étaient déjà de son vivant conservées avec le plus grand respect comme des reliques. On pensait que, touchées de sa bénite main et imprégnées des célestes sentiments de sa sainte âme, elles portaient avec elles une vertu surnaturelle ; et plus d'une fois cette confiance fut récompensée par des faveurs merveilleuses.

Deux de ces lettres sont au monastère de Caen. La première n'est qu'un billet à la très-chère Mère de Chantal, au sujet du renvoi d'une postulante. La seconde, adressée à Mme de Villeneuve à Paris, lui donne plusieurs avis pour la direction de sa conscience.

Mais ce qui intéresse davantage, c'est un fragment du cérémonial visitandin de la profession religieuse — la première ébauche peut-être, — avec ses ratures, ses variantes, ses notes marginales ; et surtout deux feuillets, également autographes, du *Traité de l'Amour de Dieu*. L'un précise en quoi consiste la très-sainte pénitence qui nous rend l'amitié de Dieu, et l'autre montre comment « Dieu prévient notre cœur et produit en nous l'amour. » L'écriture en est ferme, un peu grosse, la ponctuation soignée, les mots serrés mais nettement détachés, les lignes rapprochées ; peu de ratures.

3. Parmi les objets qui furent à l'usage personnel du saint Evêque, voici un anneau pastoral, — une calotte en drap noir,

---

[1] V. *Sa Vie*, par M. Hamon, II, p. 313.

image de pauvreté et de simplicité, — une partie de manteau en drap violet... Une étole, « tissue de soie et d'or, » avait été envoyée d'Annecy en 1706, mais elle a disparu à la Révolution.

Voici, dans une petite boîte dorée, le *Chapelet de S. François de Sales*, dont un manuscrit du siècle dernier fait ainsi l'historique : « Il avait été donné par le Saint lui-même à une Dame de qualité à Paris, en lui disant qu'il s'en était servi douze ans, le regardant comme une relique, parce qu'il était fait du bois de la châsse de sainte Geneviève. Cette Dame, en mourant, le donna à sa fille, religieuse carmélite à Dieppe ; et celle-ci le légua à son tour au R. P. de Maineville, Provincial des Pères Capucins, à condition qu'il le remettrait à une Maison de la Visitation : il le donna à la nôtre, à la sollicitation de la très-honorée Mère Anne-Eléonor de Franqueville-Longaunay. » Le même manuscrit ajoute que « l'on a reçu bien des grâces par l'application de ce chapelet, » et il cite entr'autres le fait suivant : « M. Oursin tomba malade d'une fièvre continue qui le réduisit à une telle extrémité que l'on fut obligé de lui faire recevoir la nuit tous les Sacrements, et lui faire faire son testament, car il était désespéré des médecins et n'attendant plus que la mort. On eut recours à S. François de Sales, dont on lui envoya le chapelet. Il le reçut avec vénération et demanda un peu de temps pour prier avant qu'on le lui mît au cou ; après quoi il s'endormit avec beaucoup de tranquillité. A son réveil, il se trouva entièrement sans fièvre et dit qu'il était guéri comme si on lui avait enlevé le mal avec la main.... »

4. Ne doit-on pas aussi regarder comme des Reliques de saint François de Sales les objets suivants, sanctifiés par le contact prolongé de ses précieux Restes ?

Une étole confectionnée avec l'étoffe qui enveloppait le Corps du saint Evêque de Genève, lors de la translation du 21 août 1824.

Un coussin fait avec du crin sur lequel son corps a reposé pendant plus de quarante ans.

Un autre coussin sur lequel son crâne a reposé deux mois.

Des morceaux de ces ornements dont il a été revêtu dans sa châsse.

Et surtout un morceau de taffetas dans lequel fut enveloppé son cœur : Relique d'autant plus précieuse, que, pour vénérer le Cœur même de saint François de Sales, il faut sortir de France et aller jusqu'à Venise. C'est là qu'il fut transporté en 1792 par les religieuses de la Visitation de Lyon, obligées de s'expatrier. Par un miracle permanent depuis 266 ans, une odeur d'une suavité céleste s'exhale de ce cœur à la fois si aimant et si pur, si doux et si intrépide.

O Père bien-aimé, que vos saintes Reliques nous protègent toujours ! Que votre esprit pénètre et vivifie toutes nos actions ! Obtenez que nos cœurs communient aussi intimement que le vôtre aux dispositions du Cœur sacré de Jésus !...

J. MARTIN,

Aumônier de la Visitation de Caen.

Janvier 1889.

Caen. — Typ. Veuve A. DOMIN, rue de la Monnaie.